AF554391

DISCOURS

DU CITOYEN

LEDRU-ROLLIN

Prononcés le 12 septembre 1848

A L'ASSEMBLÉE NATIONALE

ET LE 22 SEPTEMBRE 1848

AU BANQUET DU CHALET.

LE MANS

IMPRIMERIE DE JULIEN, LANIER ET Ce

PLACE DES HALLES, 12.

1848.

ASSEMBLÉE NATIONALE

SÉANCE DU 12 SEPTEMBRE 1848.

Messieurs, — L'orateur qui descend de cette tribune a invoqué les grands principes de notre glorieuse révolution française. Il a prétendu qu'il voulait, pour la République actuelle, tout ce que contenait de noble, d'élevé, de fraternel, le grand mouvement que nos pères, en 1789 et en 1793, ont imprimé au monde. C'est ce que je veux aussi. A cette époque, comme il l'a dit, la guerre extérieure, les troubles intestins, n'ont pas permis de pousser les principes jusqu'aux conséquences, et de les faire entrer dans la réalité des faits; tel doit être aujourd'hui notre but.

Après avoir posé la thèse, il a ajouté que la déclaration du droit au travail est une invention socialiste. Le socialisme, s'est-il écrié, c'est ce qu'il y a de pire au monde, car c'est la communauté; en d'autres termes, c'est l'Etat se substituant à la liberté individuelle et devenant le plus affreux de tous les tyrans. (Très bien!) Je n'en veux pas plus que lui (très bien!), et j'ajoute que, quand il prétend que c'est au nom du socialisme seulement qu'on peut demander dans la constitution l'introduction du droit au travail, il commet la plus capitale de toutes les erreurs.

Voix à gauche : C'est vrai !

M. LEDRU-ROLLIN : Le droit au travail ! mais, comme vous l'avez dit, il était la pensée favorite, le mobile constant des hommes d'Etat de la Convention. Le droit au travail ! ils l'ont inscrit dans le rapport d'un de leurs membres les plus éminents, dans le rapport de Robespierre. En doutez-vous? En voici les termes :

« Les secours publics sont une dette sacrée. La société doit la subsistance aux citoyens malheureux, soit en leur procurant du travail, soit en assurant les moyens d'exister à ceux qui sont hors d'état de travailler. » (Exclamations diverses.)

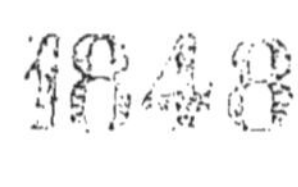

Dans cet article, que trouvez-vous ? Deux choses : le droit au travail... (Exclamations diverses.)

Plusieurs voix à droite : C'est là ce que nous voulons.

M. LEDRU-ROLLIN : Dans cet article, que trouvez-vous? Deux choses parfaitement distinctes : le droit au travail pour les valides, et le droit à l'assistance pour les infirmes, pour ceux qui ne peuvent pas travailler.

Or, ce *double* droit n'est pas consacré dans le projet actuel de votre constitution modifiée. Vous déclarez que vous ne donnez pas le droit au travail, vous dites simplement que vous donnez le droit à l'assistance, et ce sont deux choses entièrement différentes.

Quand un homme travaille, que vous le considérez dans vos domaines, vous vous sentez le cœur content ; il travaille pour vous, il travaille pour lui, il s'annoblit; vous sentez que, malgré le salaire que vous lui donnez et malgré son infériorité dans l'échelle de l'éducation, vous sentez qu'il est homme comme vous. Mais quant à celui qui tend la main pour recevoir l'aumône... Oh ! j'en suis convaincu, vous la lui donnez, mais vous ne pensez pas, au fond de l'âme, qu'il est votre égal. (Si ! si! — Agitation.)

Non, vous ne pouvez pas le penser. Oh oui ! sans doute chrétiennement, philosophiquement, vous reconnaissez qu'il est votre frère, mais comme homme, comme citoyen, pouvez-vous dire que, quand il s'en va au coin d'une rue, furtivement, pour échapper à la loi qui le frappe, quand il attend le soir, quand il baisse la tête, quand il cache ses yeux, quand il ne veut pas que ses traits soient reconnus pour fuir la peine, comment, c'est là un membre du peuple souverain. (Oui ! oui !) Oh non ! ce ne peut pas être. (Mouvement prolongé.)

M. ÉTIENNE ARAGO : C'est religieux, mais ce n'est pas politique ! (Réclamations.)

M. LEDRU-ROLLIN : Les réclamations que vous faites honorent votre cœur, mais permettez-moi de vous répéter que ce ne peut pas être un membre du peuple souverain, je vais vous le prouver.

Cet homme qui mendie parce qu'il ne peut pas trouver de travail. (Bruit. — Agitation.)

Cet homme qui mendie, un garde peut l'arrêter ; on

le conduit devant la justice, et là, bien qu'il soit innocent, qu'il constate qu'il a vainement cherché à occuper ses bras, il est condamné à la prison et conduit au dépôt de mendicité.

Est-ce là un membre du peuple souverain ?... (Bruit. — Interruption.)

Si la chambre est à ce point irritable, qu'elle ne veuille pas écouter la discussion... (Parlez ! parlez !) Permettez, je n'entends pas qu'on me dise : Parlez ! parlez ! quand je suis dans la question, dans les entrailles même de la question, et qu'on m'interrompe à chaque instant. Je demande qu'on m'écoute, ou, si on ne veut pas m'écouter, qu'il soit bien constant pour le peuple que telle est votre résolution, et je me retire... (Agitation.)

Voix diverses : Non ! non. — Parlez !... — Il ne faut pas dire l'Assemblée, quand il n'y a que quelques interrupteurs.

M. LE PRÉSIDENT : Je rappellerai nominativement à l'ordre les personnes qui interrompront.

M. LEDRU-ROLLIN : Je dis que, dans cette situation humiliée, quoi que vous en disiez, quand un homme ne peut manger que sous peine de condamnation, cet homme peut être encore votre frère, mais il n'est pas votre égal, à vous qui pouvez manger sans être abaissés dans votre juste fierté et sans être condamnés. Non ! il n'est pas un membre, encore un coup, du peuple souverain, et la preuve, c'est que la distinction a été posée dans la constitution dont je parle ; elle a dit ceci : « L'État devra du travail à ceux qui seront valides ; elle devra l'assistance à ceux qui seront infirmes ou qui ne pourront travailler. »

La convention sentait donc parfaitement qu'il y avait une distinction profonde, et que, si le travail honorait, l'assistance, pour l'homme qui était valide, ne l'honorait pas, et voici pourquoi la convention proclamait le droit au travail.

Maintenant je reviens à la thèse, et je dis : Vous avez invoqué les principes de la grande révolution, je les invoque. Vous avez déclaré que, demander dans la constitution l'introduction du droit au travail, c'était se laisser entraîner à je ne sais quelle utopie socialiste ;

je vous ai répondu : Non ; en demandant l'introduction de ce droit, nous avons la prétention d'être les continuateurs des grands principes de la révolution. (Bravos à gauche.)

Oui, notre prétention est de n'être relégué à aucune extrémité, d'être dans le vrai, dans le cœur même de la révolution. Quand nous demandons l'introduction du droit au travail, nous ne faisons que réglementer les déclarations qui avaient été faites par nos pères et qui ont été emportées par le vent des réactions. (A gauche : Très bien !

Maintenant, citoyens, qu'il est bien entendu que les socialistes, quels qu'ils soient, qui cherchent le remède au mal de la société, peuvent se tromper, mais que les socialistes ne demandent pas seuls l'introduction du droit au travail; qu'en combattant pour la consécration de ce droit on n'est purement et simplement qu'un révolutionnaire démocrate, permettez-moi de définir ce que vous comprenez par socialistes.

Je ne comprends pas, je dois le dire, cette espèce d'insulte qu'on jette à la face en disant : Vous êtes socialistes. Qu'entendez-vous par là ? Entendez-vous dire : La révolution est faite, le principe seul étant proclamé; mais il y aura interception entre le foyer et la circonférence, la lumière n'ira pas jusqu'au bout, le principe ne sera pas poussé aux conséquences ; le principe, seul, sera proclamé; mais dans les institutions sociales on ne fera rien de démocratique. Si, enfin, par socialiste vous entendez tout démocrate qui veut la République avec ses conséquences sociales, vous confondez les mots; avoir une telle résolution, c'est être homme politique sincère ; voilà tout. (Très bien ! très bien !)

Nous ne demandons qu'une seule chose, qu'on pousse jusqu'aux dernières limites le principe de liberté, d'égalité et de fraternité. Quant à ceux qui peuvent demander plus ou par d'autres moyens, peu importe ! La question n'est pas là ; ce que je tenais à constater, c'est que nous ne sommes pas un parti extrême ; que nous sommes les continuateurs vrais, sérieux, fidèles, de la grande révolution. (A gauche. Très bien ! très bien !)

Maintenant, citoyens, j'aborde la question en elle-même. Cette question, je l'apprécie de deux façons :

par mon cœur et par ma raison ; par mon cœur, quand je rencontre tous les jours dans la rue des gens en lambeaux, des familles de bohémiens, c'est l'expression, et quand, au milieu de nos campagnes, je vois des processions d'hommes hâves, de femmes fiévreuses qui viennent tendre la main ; quand, à les voir, mon cœur se contracte, quand ma journée en est long-temps troublée, je m'écrie : la société est impie ! l'homme tient de la nature le droit de vivre ; que la société le lui reconnaisse dans le droit au travail, ou malheur à elle ! (Longue agitation.)

Ces impressions que m'inspire l'indigence, j'en suis sûr, sont les vôtres.

Sur quoi différons-nous? Sur une seule chose. Nous prétendons, nous, que le remède est possible ; vous prétendez, vous, que la misère est le résultat de je ne sais quoi de fatal, et que l'humanité est enchaînée au mal. (Non ! non !) Oui, vous le prétendez, car souvent cela a été dit.

On a dit : Que voulez-vous, ce n'est pas en ce monde qu'il faut trouver des adoucissements à ces sortes de maux. Et le catholicisme, qui place dans le sacrifice, dans la douleur, la vertu même, et qui dit : Ce n'est pas dans ce monde qu'est la réompense, c'est autre part, le catholicisme croyait donc qu'il y avait impossibilité sur cette terre d'apporter un remède à des maux aussi poignants. (Mouvement en sens divers.)

A la suite de ce christianisme mal interprété, une école égoïste s'est produite qui a professé ceci : Il faut souffrir, s'incliner et attendre autre chose. Eh bien, je déclare que cette doctrine ne peut pas être la mienne. (Ce n'est pas la doctrine chrétienne !)

L'homme, incontestablement, est intelligence et matière à la fois. Or, j'entendais dire tout-à-l'heure : Mais, les doctrines que vous voulez réhabiliter, en essayant d'apaiser la faim et la misère, ce sont les doctrines de la matière, ce sont les doctrines sensualistes. Vous prétendez qu'il est possible d'apporter des adoucissements aux douleurs du prolétariat, vous prétendez qu'il est possible, quand même, de cicatriser toutes ces plaies profondes ; mais ce n'est pas avec cela qu'on fait les grandes choses ; c'est avec des idées et non des intérêts que des masses sont entraînées à la suite d'un drapeau, et qu'on conquiert le monde à la liberté.

Ce n'est donc rien de spiritualiste et d'idéal que de pratiquer la fraternité à l'égard de son semblable; ce sentiment n'est donc plus celui qui fait vibrer dans le cœur humain les cordes incontestablement les plus nobles, les plus pures, les plus sympathiques.

Quand, en effet, vous voyez souffrir quelqu'un des vôtres : quand vous voyez, comme je l'ai vu le 24 juin, à l'époque où j'étais membre du pouvoir exécutif, un homme venant me dire : « Je ne veux pas me battre, cependant ma femme m'y pousse depuis trois jours, car j'ai sept enfants qui depuis trois jours meurent de faim. » Vous croyez que cet homme parlait à mes sensations matérielles; quand, en le voyant, les larmes me venaient aux yeux; quand il s'adressait à ce qu'il y avait en moi de plus idéal, de plus élevé. Citoyens, lorsqu'on donne satisfaction aux besoins matériels de l'homme, on donne aussi satisfaction à son âme, car l'homme se compose d'intelligence et de matière. Vous dites que vous voulez, avant tout, satisfaire à l'intelligence. Eh bien! voilà un homme qui pendant douze heures est courbé sur son métier, ou qui sous l'ardeur du soleil est obligé de chercher dans le sein de la terre la nourriture de ses enfants : où est la place pour son intelligence? Comment voulez-vous que cet homme se dise qu'il y a quelque chose de supérieur à lui? comment voulez-vous que cette génération qui marche pour ainsi dire dans la poussière de sa devancière, dans une ornière étroitement tracée, ait le temps de rêver au ciel dont les splendeurs brillent vainement au-dessus de sa tête? Long mouvement.) Je dis que, pour que l'intelligence soit maîtresse, libre, qu'elle brise la captivité des sens, il faut aussi que les sens soient rassasiés.

Ainsi donc je ne distingue pas comme vous entre l'idéalité et la matérialité.

L'homme est à la fois matière et intelligence ; eh bien, je veux que, dans la constitution, il y ait la satisfaction pour l'intelligence et pour la matière par l'éducation et par le droit au travail. (Approbation à gauche.)

Voyons maintenant ce que nous dit la raison :

« Tous ces maux nous y sympathisons ; tous ces maux, nous voudrions y remédier ; mais le travail est limité. Prenez bien garde que vous voulez faire de l'Etat le directeur général, et, pour ainsi dire, le fabricant commun. »

Cela n'est pas exact, cela n'est pas ce que nous demandons, ce n'est pas ce que demandait la Convention.

En effet, la Convention disait : Il faut multiplier la propriété. Et cette doctrine était basée sur la nature même des choses ; elle disait : la France est avant tout un pays agricole ; c'est là qu'est sa principale force ; c'est là qu'a été la pensée de tous ses grands hommes d'Etat. L'industrie est secondaire ; l'industrie, pour la France, ne doit être, permettez-moi de vous le dire, que ce que serait la marine à votre force militaire, un auxiliaire, mais non pas le pivot fondamental. La Convention voulait donc que l'agriculteur fût sans cesse protégé par l'Etat, que l'agriculteur fût exonéré. Voilà ce que demandait la Convention, voilà ce que nous demandons. Et, à cet égard, il est une réflexion qui vous frappera tous.

Lorsque Turgot, ce grand homme d'Etat, cet homme de cœur, venait demander qu'on rendît le travail libre, qu'on brisât tous ses liens, le premier avocat général Séguier, s'opposant dans la séance du lit de justice à cette demande de Turgot, disait : mais songez-y, en rompant les jurandes, vous allez appeler à l'instant même tous les ouvriers des campagnes dans les grandes villes ; les grands centres vont décupler, les campagnes manqueront de bras. Voilà ce que disait l'avocat général Séguier.

Vous comprenez bien que je ne demande pas qu'on rétablisse les jurandes ; mais ce que je demande, c'est qu'on renvoie à l'agriculture, par la protection, par l'anoblissement de cet art, la grande quantité d'ouvriers qui pullulent et se corrompent dans nos villes (Très bien ! très bien !), nous sommes d'accord !

Voulez-vous un autre fait saillant. Il est un homme obscur qui depuis vingt ans travaille consciencieusement, n'ayant qu'une seule idée, à faire une statistique exacte de la richesse de la France répartie dans les différents départements. Vous comprenez qu'il est impossible, dans la rapidité de l'improvisation, de vous démontrer par quelles bases il est arrivé à ces résultats, je dois dire simplement ceci : je les ai profondément étudiés, toutes ces bases sont authentiques ; elles sont toutes prises dans des documents de gouvernement. (Ce ne sont pas les meilleurs !)

Eh bien, il prouve que dans tous les départements qui autrefois étaient simplement agricoles, et qui, emportés par le courant des idées depuis trente ans, ont voulu surtout se faire manufacturiers, industriels, dans ces départements la propriété foncière y est grevée jusqu'à cent quatre-vingt-douze pour cent de sa valeur. (Mouvement prolongé.)

La situation s'est tellement transformée, on a tant sacrifié à l'industrie, à la cupidité ou au désir exagéré de faire fortune, que le sol de la France se trouve dans cette situation de succomber sous la charge, sous l'usure, et de ne plus être la première force, la force la plus vitale du pays; eh bien ! nous venons vous demander que vous fassiez pour la France ce que vous venez de commencer pour l'Algérie, et ce dont je vous remercie en passant; que vous instituiez des banques de crédit, que l'usure cesse enfin, que la terre soit ramenée à sa véritable destination ; que la culture soit affranchie, et alors quand vous pourrez ainsi faire, quand vous pourrez défricher, cultiver vos landes, vos communaux, les domaines de l'Etat, quand vous pourrez occuper autant de bras, pendant tant d'années encore, ne dites pas que le travail est limité ; car alors le travail, comme la consommation, seront plus que doublés.

Si le travail n'est pas limité, il est donc certain que dans la constitution vous devez inscrire le droit au travail, car il y a à la fois équité et prudence.

Maintenant, que répond-on ? on me dit : il faut laisser la liberté de l'industrie s'organiser elle-même; et qui donc veut y apporter une limite, est-ce moi? Est-ce que, par hasard, j'ai la prétention que l'Etat se fasse manufacturier ou producteur? je serais fou. Ma prétention la voici : c'est que l'Etat soit un directeur intelligent, entendez-le bien, c'est que l'Etat, par exemple, fasse pour cette grande masse de prolétaires, ce qu'il fait pour ses travaux publics, c'est qu'il sache où les adresser, sur quel terrain les asseoir, c'est qu'il sache ouvrir une banque là où le crédit est nécessaire; en un mot, que, lui qui connaît la statistique par excellence, lui qui connaît ses ressources, ses forces, indique le lieu où il faut les employer, qu'il les associe ou leur facilite l'association, qu'il confie à leur moralité l'instrument de travail.

Est-ce que vous ne faites pas cela pour vos grands travaux publics, est-ce que vous ne le faites pas pour l'armée, pour tous les grands instruments que vous avez dans les mains. Il est donc certain que je ne veux faire de l'Etat ni un producteur, ni un manufacturier, je veux en faire un protecteur intelligent. (Vive approbation à gauche.)

Remarquez que tous les arguments qu'on nous oppose ici sur les impossibilités, on nous les a opposés pendant 18 ans; pendant 18 ans du règne dernier, toutes les fois que nous réclamions une amélioration, on nous répondait: c'est impossible! Quand, en 1775, on demandait de briser la chaîne des jurandes et des maîtrises, on répondait: c'est impossible! Quand on demandait que l'impôt fût également réparti, le clergé et la noblesse ont répondu: c'est impossible! Je ne me contente pas de ce mot. Ce mot peut être d'un homme, il n'est pas d'une grande nation qui a d'immenses ressources. (Approbation prolongée.)

Non, il n'est pas possible qu'on nous repousse sans cesse parce qu'il peut y avoir du nouveau dans les choses que nous demandons, car nous venons de voir une grande chose, et bien nouvelle cependant; le 23 février, la plupart de ceux qui m'écoutent pensaient que le suffrage universel était un monstre qui ne pourrait pas se dompter (c'est vrai!); que c'était une chose qu'on ne pouvait point organiser; que c'était une utopie, et cependant, en deux mois vous l'avez vu organisé, vous l'avez vu fonctionner.

Je vous le dis donc, ne vous payez pas de mots; réfléchissez bien, citoyens, à notre grave et redoutable situation. Le peuple, encore un coup, en Février, n'a pas fait une révolution par pur intérêt, non! on a eu raison de le dire, quand il a fait entendre ce mot sublime:

Je donne trois mois de crédit à l'Etat ; évidemment il ne pensait pas à ses entrailles qui criaient. Quand le peuple, pendant deux mois, venait pour ainsi dire chanter d'amour autour de son hôtel de ville, l'idée seule le soutenait : le peuple. en ce moment, ne pensait pas à ses besoins ; mais, si le peuple n'y pensait pas, notre devoir, à nous, c'est d'y penser.

On objecte encore que cette déclaration du droit au travail pourra gêner momentanément certaines industries ; on nous répond par des détails tellement minutieux que je ne devrais même pas en entretenir la tribune, s'ils n'avaient sans cesse rebattu nos oreilles.

On a dit : comment donner à un orfèvre, à un bijoutier, le droit d'ouvrir, de ses mains délicates, les entrailles de la terre ; mais c'est folie !

Réfléchissez à ceci ; quand vous parlez ainsi, vous, vous parlez pour un jour. Il est certain que si ces industries avaient besoin d'être employées, je ne demande pas qu'on leur ouvre des chantiers, où de rudes labeurs les attendent ; ils y seraient impuissants. Pour ceux-là transitoirement l'assistance ; pour ceux-là, faites encore pendant quelque temps ce que vous faites aujourd'hui, mais remarquez bien que cela ne combat pas contre le principe que je soutiens, car ceux-là, ne sont pas la masse, et la masse deviendrait volontiers concessionnaire de terres partagées pour les rendre fécondes. Quand je demande le droit au travail, que veux-je ? que vous l'inscriviez dans une constitution qui, apparemment, sera durable. Le peuple ne se soulève pas tous les jours pour faire des chartes. Or, quand vous inscrirez le droit au travail, vous ne serez pas forcés de l'avoir organisé dès le lendemain. (Réclamations diverses.)

Un membre : C'est évident !

M. LEDRU-ROLLIN : Messieurs, je ne serai plus long, je ne veux point abuser de la patience de l'assemblée; mais permettez-moi de vous dire que je ne comprends même pas qu'on se récrie sur des choses aussi naturelles et aussi simples. Ainsi, par exemple, vous allez décréter le droit à l'instruction; mais quel est donc le fou qui pense qu'en vingt-quatre heures vous allez le réaliser ? Vous allez inscrire le droit à l'assistance; mais quel est l'insensé qui s'imagine qu'en vingt-quatre heures vous aurez créé le personnel et les établissements ?

Comprenez-moi donc, je vous en conjure· quand je demande que le droit au travail soit inscrit dans la constitution, c'est parce que les constitutions sont faites pour l'avenir, parce qu'elles doivent être durables, parce qu'elles sont des jalons dans la marche de l'humanité.

J'ajoute, en prenant en considération la faiblesse de l'infirmité humaine, que je ne demande pas que cette organisation soit créée en quelques jours; je comprends qu'il y a, qu'il doit y avoir des transitions, des tempéraments; mais de ce que je comprends qu'il y a des transitions necessaires, est-ce une raison pour que ce droit au travail soit rejeté ? Posez votre but, pour que toutes vos lois y convergent incessamment. (Approbation.)

Je me résume :

On a dit le droit au travail, c'est le socialisme. Je réponds : Non, le droit au travail, c'est la République appliquée. (Très bien ! très bien !)

Vous prétendez qu'il ne faut pas donner trop à de pareilles pensées, parceque, alors, les révolutions peuvent être entraînées hors de leur orbite. Je vous réponds, moi, que c'est en ne donnant pas aux révolutions leurs conséquences que les gouvernements s'abîment et disparaissent. (Vif assentiment à gauche.)

Pendant combien de temps avez-vous dit, avons-nous dit à la révolution de Juillet : « Voici le principe, eh bien ! marchez aux faits. » La révolution a résisté, et c'est pour cela que le trône de Juillet a été brisé. (Mouvement.)

Soyons plus prudent pour ce qui touche le droit au travail; inscrivez-le de nouveau, parce qu'il est équitable, parce qu'il est politique de le faire. Inscrivez-le de nouveau, pour que dans les fastes de l'humanité nous n'ayons pas l'air de reculer à cinquante-cinq ans de distance, pour que nous ne soyons pas moins avancés que la révolution de nos pères. Inscrivez-le, parce que le peuple doit obtenir ce qu'il demande de juste, et que, dès 1834, il inscrivait à Lyon sur ses bannières : « *Vivre en travaillant ou mourir en combattant !* » En 1831, Casimir Périer avait promis aussi des institutions qui ressemblaient non pas à l'organisation du travail, mais qui ressemblaient à la protection du travail. Il n'a rien réalisé, mais l'idée jetée à Lyon, la formule flottant sur les bannières des insurgés, a fait son chemin, et, depuis ce temps, le peuple de Paris a répété, comme le peuple de Lyon : « *Vivre en travaillant ou mourir en combattant!* »

Ce cri, sinistre et redoutable au milieu du combat, gage de sécurité s'il est inscrit dans votre constitution, car ce peuple français est assez dévoué, quand cette satisfaction lui aura été donnée, pour attendre; car il est trop pratique aussi pour ne pas comprendre que l'organisation n'est possible que successivement; mais, encore un coup, inscrivez le principe, car si vous fermez la porte à toute espérance, j'appréhende pour la République de lamentables déchirements. (Mouvement prolongé.)

DISCOURS

PRONONCÉ AU BANQUET DU CHALET.

Citoyens,

A l'anniversaire du 22 septembre 1792! A cette mémorable journée où la convention proclama la république dans le palais même où la veille elle avait aboli la royauté!

Oui, à la république que nos pères ont décrétée et que nous avons mission de rendre à jamais durable, en lui donnant dans les institutions sociales une base indestructible! (Applaudissements.)

A la république, génie protecteur des peuples, qui comme nous poussent un cri de délivrance! (Bravos.) A la république vengeresse des déshérités de la grande famille humaine qui, à notre exemple, arborent le drapeau démocratique et sont traqués par les derniers représentants des vieilles aristocraties! (Bravos.)

Citoyens, je dis à la république consolidée par les institutions sociales; car, nous qui sommes ici, nous sentons que si le législateur ne la fait pas pénétrer profondément dans les lois, dans les mœurs, nous n'aurons encore que le mot sans la chose. (Bravos.) Aussi infortunés que nos pères qui n'en furent que les prophètes et ne virent jamais la terre promise qu'ils ne purent que nous montrer du doigt. (Bravos.) Oh! sans doute, on nous dira : Vos folles espérances, c'est le socialisme. Vieille querelle faite aussi à nos devanciers, et à laquelle ils répondirent par les bienfaits dont nous jouissons aujourd'hui.

Le socialisme!... Quand, pour rendre à l'homme le noble exercice de toutes ses facultés, ils ont eu la pensée d'abolir les vœux monastiques, était-ce du socialisme ou de la politique? Quand, mettant la loi d'accord avec la nature, ils ont uniformisé la situation de tous les enfants, en faisant passer le niveau de la loi sur l'inégalité des successions, était-ce du socialisme ou de la politique? (Bravos.) Quand, malgré les déchaînements du clergé et de la noblesse, ils établissaient l'égalité de l'impôt, et Dieu sait au milieu de quels obstacles! faisaient-ils du socialisme ou de la politique? Quand ils ont fait cesser l'asservissement de l'industrie, en brisant les liens des vieilles maîtrises, était-ce du socialisme ou de la politique? (Bravos.) Quand ils ont divisé à l'infini la propriété cléricale, communale, nobiliaire, pour faire de toutes ces parcelles, sous les pieds de l'homme, autant d'instruments de liberté, était-ce du socialisme? C'était de la république! (Bravos.) Quel est donc le législateur assez insensé pour poser un principe politique auquel il ne donne point une assise profonde dans les institutions sociales?

Est-ce donc du socialisme quand nous disons : pas de république sans droit au travail; car il n'y a pas de peuple souverain là où il n'y a pour la société qu'un devoir d'assistance! (Applaudissements.) Oh! non, ce n'est pas là du socialisme, c'est de la république. Quand nous disons encore : il faut des institutions de crédit, sans cela le capital dévore en quelque sorte, par l'usure, les bras de l'ouvrier, ce n'est pas du socialisme, c'est de la république. (Applaudissements.)

Oui! c'est de la république; et ne serait-ce point parce que les adversaires de la république vraie sentent qu'ainsi enracinée dans les mœurs du pays, on ne pourrait plus la renverser, qu'ils voudraient donner le change, exploiter des peurs en confondant deux choses parfaitement distinctes : le socialisme et la république appliquée? (Bravos.) Nous connaissons ces vieilles pratiques : les jésuites démasqués d'une autre époque ne criaient-ils point à l'athéisme, les monarchiens de 1790 à la loi agraire? (Applaudissements.)

Et ce n'est pas sans un certain plaisir que je m'arrête à constater cette confusion systématiquement faite entre le socialisme et la république par les ennemis de la république. Ce perpétuel abus de mots démontre leur impuissance et la nécessité à laquelle ils sont réduits d'incliner le front devant la grande volonté du peuple, et de respecter le mot lui-même dont il a salué sa victoire au 24 février. (Bravos.)

Cette république appliquée qui doit pénétrer dans nos lois, dans nos mœurs, qui doit amener pour chacun un juste équilibre de dignité et de bien-être ; cette république, que faut-il pour la conquérir ? Oh ! ce qu'il faut, c'est de l'union, c'est de la hardiesse, une volonté indomptable. (Bravos.) Ce qu'il faut encore, c'est un dévouement à la hauteur des sacrifices qui nous seront demandés. (Bravos.) Et rien au monde ne saurait nous empêcher d'obtenir la chose, je le répète, à nous qui, malgré les duplicités, les corruptions, les forces accumulées de la monarchie, avons conquis ce nom. Bien insensés ceux qui voudraient y mettre obtacle ; ils n'auraient pas vu, ceux-là, l'admirable drame du 24 février, où le gouvernement provisoire ne fut que le traducteur de l'immense voix du peuple armé. A quiconque paraissait hésiter, il disait : Nous voulons la proclamation de la *république démocratique une et indivisible.* Rien en deçà, rien au delà, tout autre mot pourrait tendre à l'entourer d'institutions monarchiques, nous ne voulons plus de duperies ! (Applaudissements.)

Ainsi donc, souvenir de la volonté du peuple au 24 février, union, hardiesse, dévouement, voilà ce qu'il faut. Avec cela, le pays sera grand et la République invincible. (Bravos.)

Oui, frères, de l'union ! Hélas, nos pères en ont manqué parfois, prenons garde d'échouer sur le même écueil. Il est, je le sais, des retardataires dans la voie du progrès, des hommes qui ont confiance *quand même,* qui s'effraient moins des écarts, des déviations du pouvoir qu'ils ne redoutent de l'ébranler ; leur conviction est respectable, parce qu'on ne peut douter de leur patriotisme, leurs yeux s'ouvriront ; pour nous, plus résolus, ne retardons pas notre marche, bientôt ils doubleront la leur pour se retrouver avec nous. Oui, patience, car s'ils hésitent, c'est qu'on les effraie en montrant autour de nous des périls, des dangers.

Des dangers ! lesquels ? les prétendants ? les royalistes ? Ah ! oui, dangereux peut-être tant qu'on ne voudra pas faire sincèrement de la république. Mais du moment qu'on le voudra, ils disparaîtront au souffle du vent populaire. (Bravos.)

Ces prétendants, que peuvent-ils dire, en effet? Qu'ils veulent la monarchie? Quoi! ils diraient cela à un peuple qui, en dix-huit ans, a renversé deux fois la monarchie! Qui, en 1830, a chassé deux générations de prétendants et deux générations en 1848! Ce peuple n'a-t-il plus le même cœur, les mêmes bras, les mêmes armes? (Applaudissements.)

Non, non, ce n'est pas cela qu'ils peuvent dire; mais ils parleront au peuple de ses intérêts sacrifiés, de ses droits méconnus. Et si, après tout, ses droits ont été sanctionnés, si ses intérêts sont sauvegardés par une république sincère, véritablement démocratique, au nom de quelle idée pourra parler le prétendant? Où sera son lévier, son point d'appui? Il ne pourra plus être qu'un simple citoyen, obligé de se perdre obscurément dans la foule commune, comptant moins qu'un autre, parce que moins qu'un autre il aura rendu des services. (Applaudissements.)

Ainsi donc, pas de danger possible, pourvu qu'on veuille creuser d'une main sûre et robuste le sillon de la république. Mais si on ne veut que l'effleurer, incontestablement il y a danger, parce qu'elle ne peut pousser des racines profondes. Eh bien! citoyens, vient alors naturellement cette question : Qu'a-t-on fait pour le peuple depuis le 24 février? (Nombre de voix : Rien! rien!)

Ce qu'on a fait! On avait d'abord pensé que l'abolition de l'impôt du sel était une satisfaction due à l'opinion prête à l'obtenir même de la monarchie. Courte illusion, il s'agit aujourd'hui de le rétablir.

On avait essayé de rendre à la santé publique un service immense en faisant disparaître l'impôt de l'octroi sur la viande, l'impôt sur les boissons, deux charges qui pèsent si lourdement sur le pauvre. Aujourd'hui on les exerce de nouveau. (C'est vrai.)

Et le laboureur, cet homme dont la vie se meut entre les dures exigences de la terre et les exigences plus dures encore du capital, lui n'a guère de rapport avec l'état et la politique que par l'entremise du percepteur, que pensera-t-il de la république qui vient, au sein de la paix, lui demander une aggravation d'impôt ? (C'est cela ! oui ! oui ! très bien !)

Voilà ce qu'on a fait pour le peuple depuis le 24 février. Oh ! je sais bien que parfois on est venu à son secours, que parfois on a jeté à sa misère quelques millions, à titre d'assistance; mais qu'est-ce que cela en comparaison des grandes institutions de crédit, d'association, de secours mutuels, d'instruments de travail qu'on aurait dû fonder ? (Bravos.)

Non, non, rien de large, rien de fécond, rien de véritablement républicain, toujours et toujours la vieille ornière du passé ! (C'est vrai ! c'est vrai !)

Citoyens, que répond-on ? « L'état est pauvre. La république ne saurait faire de telles fondations, car l'argent manque ! » J'avoue que je n'ai jamais compris cette objection dans un pays aussi fertile, aussi puissant que la France ! Je dis, moi, que les sources sont innombrables, et qu'il ne faut que savoir leur tracer des canaux pour les conduire vers le trésor, et de là les faire refluer jusqu'au pauvre. Mais le pays n'était donc pas ruiné par les folies de Louis XIV, les dilapidations des cours de Louis XV et de Louis XVI ? Et cependant la première révolution, pour accomplir sa grande œuvre, a-t-elle été arrêtée par des questions d'argent ?

Comment, après les énormes sacrifices de nos guerres révolutionnaires, nous avons eu l'empire qui par ses réquisitions forcées, par ses impôts extraordinaires, pour défendre le territoire, avait en quelque sorte tari toutes les ressources du pays. Nous le croyions, du moins, et pourtant la restauration arrive, et pour payer la rançon de l'étranger, la France trouve 1,500 millions (c'est vrai !); et à peu de temps de là, pour reconstituer l'aristocratie, la monarchie arrache encore à la France un milliard. (Bravos.)

Et quand cette France, aux larges et fécondes mamelles, a pu pour payer sa défaite, a pu pour payer l'émigré, trouver des sommes presque fabuleuses, elle ne pourrait pas trouver de quoi alimenter le travail ! (Applaudissements.)

Non, cela n'est pas possible, l'argent se retire et se cache, l'argent ne manque pas (c'est cela !), il ne peut pas manquer. Réfléchissez-y bien, nous avons eu trente-trois ans de paix, et malgré la perte du travail depuis le 24 février, l'argent est quelque part (oui ! oui !) : il doit donc y avoir dans des moyens financiers la possibilité de le trouver là où il serait égoïste. (Oui ! oui !)

Quoi ! citoyens, la France n'aurait pas les ressources qu'a trouvées l'Angleterre pour combattre le blocus continental et soutenir son commerce ! L'Angleterre a pu solder contre nous six coalitions renaissantes, elle a pu faire sortir de terre des millions d'hommes et des armées, elle a pu dompter le génie de Napoléon, elle a pu épuiser jusqu'à la dernière goutte de sang de nos veines en 1815 ; et la France, foncièrement plus riche, ne pourrait pas trouver de l'argent pour son peuple de travailleurs ! Non, cela n'est pas possible, et ceux qui tiennent un pareil langage sont les calomniateurs du pays. (Salve d'applaudissements.)

Croyez-moi, citoyens, le véritable danger, c'est la misère, le défaut de travail, l'atonie du commerce ; c'est l'absence de quelque chose de hardi, de nouveau ; c'est la vieille routine en matière de finances : la question est là et point autre part. (Oui ! oui !) Ah ! sans doute elle peut se modifier, s'envenimer, si la France, sincèrement républicaine, ne s'ingénie point à sortir de ce gouffre fatal par quelque grande mesure : la banque hypothécaire, les billets anticipés de l'impôt, que sais-je ? dix moyens sont proposés pour un. Mais il faut trouver le secret que la république fasse le peuple heureux, la nation grande ; que non seulement elle subvienne au malaise intérieur, mais qu'elle ait des ressources pour défendre au dehors ses principes de fraternité et d'émancipation ; autrement toute ombre de danger peut grandir et mettre la république en péril. Mais vainement disent-ils que l'argent manque, soyez persuadés que c'est bien plutôt un homme entreprenant, résolu, qui manque au moyen de trouver de l'argent. (Oui ! oui ! C'est vrai !) Nos pères, il est vrai, vivaient d'expédients ; mais c'est ainsi que vivent les révolutions, et, après tout, pourvu qu'elles vivent et qu'elles sauvent l'humanité, qu'importe ? (Applaudissements.)

De Necker à Cambon, que de financiers honnêtes, mais se traînant dans les vieux sentiers du passé, ont essayé vainement de faire face aux besoins de la révolution. Cambon est arrivé, financier de grand renom, sans doute? non ; mais grand citoyen, ne voyant que le but, ayant l'audace de la situation, et Cambon est arrivé à sauver la république ; ne trouverons-nous pas un autre Cambon? (Bravos.)

J'ai dit, citoyens, qu'il fallait à la France des ressources pour soutenir dans ses alliés ses principes de liberté et d'émancipation au dehors. Est ce qu'en effet le cœur ne vous saigne pas comme à moi en contemplant l'Italie livrée sous la main des oppresseurs à sa seule impuissance? Oh ! que la marche de l'humanité est lente, et combien nous pouvions en hâter le cours. Plus de trois siècles déjà se sont écoulés depuis que Machiavel, gémissant sur les malheurs de sa chère patrie, nous la peignait séchant dans l'attente d'un libérateur qui mît fin aux dévastations de la Lombardie, de la Toscane et du royaume de Naples. Il demandait au ciel de susciter un bras vengeur qui l'affranchît du joug humiliant et odieux de l'étranger. Ce bras pouvait être celui de la France, l'Italie avait le droit d'y compter ; et le bras de la France est demeuré immobile ! (Applaudissements.)

Oui, l'Italie avait le droit d'y compter, car Milan pris, nos troupes devaient franchir les Alpes : Milan est pris depuis long-temps et leurs fusils sont encore en faisceaux, et les vaisseaux de la France assistent impassibles au sac de Messine. Citoyens, est-ce de la politique républicaine, et ne pourrions-nous pas nous tromper de date ? (Applaudissements.)

Et vis à vis de l'Allemagne, la ligne de conduite du gouvernement est à mes yeux aussi inexplicable.

Evidemment, ou il ne comprend pas le mouvement qui s'opère au-delà du Rhin, ou il comprend mal les intérêts de la France.

L'avenir de l'Allemagne est représenté par une démocratie jeune, ardente, courageuse, qui voit dans l'unité du pays la liberté. L'unité de l'Allemagne, c'est la démocratie de l'Allemagne, et qui dit démocratie dit sympathie acquise à la France. Demandez à tous ceux qui sont bien informés, si cette appréciation n'est pas vraie. Ah ! je sais bien qu'on prête à cette démocratie des projets d'envahissement contre nous ; c'est une ruse des vieilles aristocraties pour la perdre dans notre esprit, l'Angleterre ne manque pas d'en rire tout en y jouant sa part ; eh bien ! les choses se passent de telle façon en Allemagne que nous ne ferons désormais plus rien, comme en Italie, que sous l'influence de l'Angleterre. (C'est vrai !)

Je le démontrerai plus amplement ailleurs. Ah ! je l'avoue, mon âme est profondément émue des plaies de l'intérieur. Les misères qui nous assiégent de toutes parts trouvent en moi de bien douloureux échos ; mais encore cela est-il chez nous sous le voile domestique, nous souffrons pour ainsi dire en famille ; mais au dehors, notre gloire, livrée à l'Angleterre ; mais au dehors, l'alliance avec cette aristocratie hostile à notre fortune ; mais au dehors, l'alliance avec ce gouvernement qui, pendant dix-huit ans, a pesé sur nos intérêts d'une façon si fatale. C'en est trop, je le déclare, quant à moi. (Bravos.)

C'est à tout cela qu'il faut remédier ; nous sommes pour la plupart de vieux champions de la liberté ; pour la plupart nous avons fait nos preuves ; eh bien, redoublons d'efforts, confondons les nuances républicaines plus ou moins avancées ; ne voyons qu'une chose, la gloire, l'intérêt du pays ; n'ayons qu'un sentiment : plus de repos, plus de tranquillité, jusqu'à ce que la république, un instant dévoyée, soit rentrée dans sa véritable route. (Bravos.)

Non, plus de repos, car si nous pouvons dire justement en invoquant la mémoire de nos pères : Salut à vous, qui avez intronisé la république ; ah ! prenons-y bien garde, si nous ne suivons pas leur exemple, si comme eux nous ne sommes pas ardents au dévouement, indomptables dans la volonté, craignons que nos neveux ne maudissent notre mémoire, et ne disent point à leur tour : Salut aux hommes du 24 février.

(Cette improvisation est suivie de longs applaudissements. Le cri unanime de : *Vive la république démocratique* ! est plusieurs fois répété.)

Le Mans, Imp. de Julien, Lanier et Ce.

www.ingramcontent.com/pod-product-compliance
Lightning Source LLC
LaVergne TN
LVHW010015230826
846092LV00002B/835

* 9 7 8 2 0 1 9 2 8 4 5 5 8 *